SUR GRIN VOS CONNAISSANCES
SE FONT PAYER

- Nous publions vos devoirs
  et votre thèse de bachelor et master

- Votre propre eBook et livre –
  dans tous les magasins principaux du monde

- Gagnez sur chaque vente

Téléchargez maintentant sur www.GRIN.com
et publiez gratuitement

Doreen Klahold

Les Misérables de Victor Hugo

Parallèles et différences dans la transformation d'une oeuvre classique en comédie musical

GRIN Verlag

Bibliografische Information der Deutschen Nationalbibliothek:

Die Deutsche Bibliothek verzeichnet diese Publikation in der Deutschen National-
bibliografie; detaillierte bibliografische Daten sind im Internet über http://dnb.d-
nb.de/ abrufbar.

Imprint:

Copyright © 2008 GRIN Verlag GmbH
Druck und Bindung: Books on Demand GmbH, Norderstedt Germany
ISBN: 978-3-656-50799-4

This book at GRIN:

http://www.grin.com/fr/e-book/231779/les-miserables-de-victor-hugo

GRIN - Your knowledge has value

Der GRIN Verlag publiziert seit 1998 wissenschaftliche Arbeiten von Studenten, Hochschullehrern und anderen Akademikern als eBook und gedrucktes Buch. Die Verlagswebsite www.grin.com ist die ideale Plattform zur Veröffentlichung von Hausarbeiten, Abschlussarbeiten, wissenschaftlichen Aufsätzen, Dissertationen und Fachbüchern.

Visit us on the internet:

http://www.grin.com/

http://www.facebook.com/grincom

http://www.twitter.com/grin_com

Table de matières

1.) Introduction

Pourquoi ai-je choisi ce sujet?

Ma famille et moi, nous aimons beaucoup la musique et de temps en temps, nous allons voir des comédies musicales. Quand j'avais huit ans, nous sommes allés voir la comédie musicale «Les Misérables» à Duisburg. C'était la troisième fois que j'ai vu une comédie musicale et bien que j'aie été très jeune, je l'ai adorée. Elle m'a impressionnée avec ses chansons et son action. Comme j'ai déjà vu beaucoup de comédies musicales maintenant, je peux constater que «Les Misérables» est une œuvre fantastique et qu'elle est, à mon goût, une des meilleures.

En plus, j'aime bien lire des livres. Ils peuvent me captiver et m'enlever en un autre monde. Mais c'est difficile de transformer un roman par exemple en film, parce que, à mon avis, des filmes ne peuvent pas montrer les émotions et les sentiments aussi bien qu'un livre.

C'est la raison pour laquelle j'ai eu l'idée de comparer la version originale de «Les Misérables» de Victor Hugo avec la comédie musicale. De cette façon, je veux apprendre si le livre est aussi bon ou meilleur que la comédie musicale et comme l'histoire est transformée dans les chansons.

D'abord, je présente la création du roman en contemplant la vie de Victor Hugo et le fond historique. Ensuite, j'écris un résumé de l'histoire du roman « Les Misérables ». Après, je donne des informations sur la comédie musicale. Dans la suite, je me consacre à mon sujet de ce travail et compare roman et comédie musicale en analysant la transformation de l'œuvre de Victor Hugo sur la scène et dans les chansons. Pour terminer, je résume brièvement mon résultat et évalue cette transformation.

2.) Le roman «Les Misérables»

2.1.) Victor Hugo et la création du roman

Victor Hugo était « l'un des géants de la littérature française »[1] ou comme Jean Cocteau l'a caractérisé en plaisantant : « Victor Hugo était un fou qui se croyait Victor Hugo »[2]. Il est né le 26 février 1802 à Besançon et il a grandi à l'époque de Napoléon. Son père était un officier anobli avec qui Victor faisait beaucoup de voyages à l'étranger. A partir de 1809, il vivait avec sa mère et son frère à Paris où il a connu les circonstances de vie des « Misérables ». Il a commencé d'écrire à 14 ans : «Je veux être Chateaubriand ou rien!»[3]. En raison de son premier chef-d'œuvre « Nôtre Dame de Paris » (1831), il a accédé à l'Académie française en 1841. A part des romans, il a écrit aussi de la poésie lyrique et drames en vers. En tant que romancier il suivait les idéaux romantiques et réalistes, comme il demandait la « vérité poétique »[4] de la littérature. Avant 1848, Victor Hugo était royaliste qui a soutenu particulièrement la Monarchie de Juillet. En 1845, il a été nommé pair de France par le roi Louis-Philippe. Mais finalement, il critiquait l'attitude du gouvernement et après la révolution de 1848, il pensait libéralement et d'une façon humaniste. Il est devenu membre du parlement et, en 1849, membre de l'Assemblée nationale. Participant à la politique, il luttait par exemple contre la peine de mort et pour la liberté de la presse. Maintenant s'opposant à la Monarchie de Juillet, il a dû quitter la France en 1851 à cause d'un coup d'État de Louis Napoléon, qui a été couronné empereur en 1852. Il s'est exilé aux îles Jersey et Guernesey où il a terminé son roman « Les Misérables » qu'il avait commencé en 1847. Après la déclaration de la République Française, Victor Hugo est revenu à son pays d'origine. En 1871, il est devenu membre du parlement et en 1876, il a été élu sénateur. Le grand écrivain Victor Hugo est mort en 1885 à Paris à cause d'une congestion pulmonaire et a été inhumé au Panthéon.

Comme j'ai mentionné ci-dessus, Victor Hugo a grandi à l'époque de Napoléon et de la restauration. Avant sa naissance, les Français ont déjà lutté pour les idéaux de « Liberté, Égalité et Fraternité » dans la Révolution Française en 1789 qui avait été

---

[1] Jacquemelle, Guy (1999): http://www.alalettre.com/Hugo-intro.htm.
[2] Cocteau, Jean: (http://www.monsieur-biographie.com/celebrite/biographie/victor_hugo-670.php) .
[3] Hugo; Victor: (http://www.jesuismort.com/biographie_celebre_chercher/biographie-victor_hugo-670.php) .
[4] Traduit de http://www.lesmis.de/de/hugo.html.

déclenché par la misère de la population. L'ordre sociale avait été partagé en les privilèges (le clergé et la noblesse) et les non-privilèges (le Tiers État: la Bourgeoisie et les paysans). Ces derniers souffraient de famine, n'étaient pas présent dans la politique et avaient une vie très dure. « Qu'est-ce que le Tiers État ? Tout. Qu'a-t-il été jusqu'à présent dans l'ordre politique ? Rien. Que demande-t-il ? À être quelque chose.»[1] Mais la révolution échouait et 1804, Napoléon Bonaparte est arrivé au pouvoir. Vaincu dans la bataille de Waterloo, Napoléon a été abandonné à l'exil et le Premier Empire a été renversé. La politique de la restauration a commencé. Maintenant, Louis XVIII essayait de rétablir l'ordre de l'Ancien Régime, l'époque avant la Révolution Française. Donc, la situation du Tiers État n'était pas meilleure, mais à cause de l'industrialisation elle s'aggravait. Le travail dans les usines était très dur et pas bien payé. La révolution du juillet 1830 n'a pas changé beaucoup, même si le nouveau roi Louis-Philippe Ier s'est proclamé « roi des Français », un roi du peuple. Comme j'ai déjà dit, Victor Hugo a favorisé cette Monarchie de Juillet jusqu'à la révolution de 1848. L'histoire de « Les Misérables » qu'il a écrit quelques années après, en 1862, avait lieu en 1832. Elle présente la misère du Tiers État et décrit les soulèvements du peuple français, en particulier organisés par des étudiants.

Les « Misérables » sont des pauvres, des sans-droits, des hommes, femmes et enfants sans espoir. Chaque personnage représente des humains de cette époque. Fantine représente les autres femmes célibataires et les travailleuses sans droits qui doivent se prostituer pour survivre. Cosette est une orpheline qui n'aurait eu aucune chance sans Jean Valjean. Il représente un homme qui est devenu criminel pour alimenter sa sœur et ses enfants. Marius et les autres étudiants de l'organisation « Amis de l'ABC » sont les insurgés qui luttent pour sa vision d'une meilleure vie. Thénardier représente les délinquants, les exclus de la société.

Victor Hugo connaissait ces circonstances, la misère et le contraste entre les classes sociales à Paris. Tard mais déterminé, il prenait le parti des « Misérables » et racontait leur histoire dans son roman « Les Misérables ».

---

[1] Sieyès, Emmanuel Joseph: *Qu'est-ce que le Tiers État?* (1789).

2.2.) Le contenu de l'histoire

Le roman commence avec l'histoire de M. Myriel, évêque de Digne, aussi appelé « Monsieur Bienvenue » qui est décrit comme un homme très généreux et charitable. Les lecteurs gagnent beaucoup d'informations sur la vie de M. Myriel, bien qu'il joue seulement un petit rôle dans l'histoire. Il essaie d'aider les pauvres à sortir de la misère, comme il s'engage pour Jean Valjean. Celui est un forçat qui a été condamné, parce qu'il a volé une miche de pain pour que les enfants de sa sœur ne meurent pas de faim. Maintenant, après 19 ans, il sort de prison, mais à cause de son passé, aucun auberge l'accueille. En cherchant un gîte, Jean Valjean erre sur les champs. Pendant ce temps, Victor Hugo raconte le changement d'esprit de Jean Valjean en prison où il est devenu une bête qui agit instinctivement. Après quelque temps, Valjean arrive chez M. Myriel, le seul qui l'héberge. Malgré le gentil traitement et le bon ravitaillement, Valjean vole la grosserie de l'évêque. Mais quand les policiers l'arrêtent, M. Myriel le protège. C'est la raison pour laquelle Jean Valjean se transforme en un homme religieux et généreux. Dans la suite, les lecteurs apprennent l'histoire de la vie de Fantine. D'abord, Hugo décrit l'amour de Fantine pour un étudiant qui la met enceinte et puis, l'abandonne. Célibataire, elle met sa fille Cosette en pension chez les Thénardiers et cherche du travail à Montreuil. Elle pense que les Thénardiers sont une famille sympathique qui s'occupera bien de Cosette. Mais celle doit travailler très dur comme servante dans leur auberge et les Thénardiers profitent de l'argent envoyé par Fantine avec lequel ils payent leurs devoirs au lieu de le dépenser pour Cosette. En plus, ils préfèrent ses filles Eponine et Azelma qui traitent Cosette aussi d'une manière mauvaise. Pour gagner toujours plus, ils extorquent de l'argent à Fantine ou ils mentent, disant que Cosette est malade. En 1818 à Montreuil, Fantine trouve du travail dans une fabrique de verroterie noir fondé par M. Madeleine qui est devenu maire, parce qu'il a sauvé la vie du père Fauchelevent. Hugo attire l'attention du lecteur plus tard sur le fait que M. Madeleine n'est personne d'autre que Jean Valjean qui a commencé une nouvelle vie comme citoyen estimé. Les autres femmes de la fabrique sont envieuses de la beauté de Fantine. Quand ils remarquent qu'elle a un enfant naturel, la gardienne la licencie, prétendant sur une commande de M. Madeleine. Dans la suite, elle vit dans la misère et comme les Thénardiers l'exploitent, elle vend ses cheveux, ses dents et son corps, elle se prostitue. Un jour, elle attaque un jeune homme qui lui a fait peur et est arrêtée par Javert. M. Madeleine, pourtant, demande la liberté pour elle et lui permet d'aller chercher sa fille. Pendant ce temps, il apprend de Javert qu'ils ont trouvé le détenu Jean Valjean qui s'appelle maintenant Champmathieu. La conscience de M. Madeleine lutte contre son instinct de conservation et il voyage à Arras pour regarder l'audience. Là-bas, il se livre, parce qu'il ne veut pas qu'un homme innocent soit puni à sa place. Il s'enfuit et retourne à Montreuil où il rend visite à Fantine qui est très gravement malade. Javert arrive pour le faire prisonnier et Fantine meurt dans les bras de Jean Valjean. Après quelques jours dans la prison, Valjean s'évade.

Maintenant, Hugo raconte la bataille à Waterloo et informe qu'autrefois, Thénardier a sauvé la vie d'un officier appelé Pontmercy qui est le père de Marius, l'étudiant qui jouera plus tard un rôle important dans cette histoire.

Valjean est arrêté de nouveau et un jour, sur la galère, en sauvant un matelot, il tombe dans la mer et les autres le prennent pour mort.

Cosette habite encore chez les Thénardiers, travaille très dur et est opprimée par les adultes ainsi que par les filles. Tard dans la nuit, elle doit aller chercher de l'eau d'une source dans la forêt qui est très loin de l'auberge. Sur le chemin, elle rencontre Jean Valjean, quoique les lecteurs ne sachent pas qui l'homme inconnu est. Valjean achète Cosette des Thénardiers pour beaucoup d'argent. D'abord, les deux vivent dans la masure Gorbeau. Cosette est très heureuse et Valjean développe des sentiments d'amour. Malgré sa prudence, Javert le dépiste. C'est pourquoi ils cherchent un autre logement et, avec l'aide de M. Fauchelevent que Valjean a rencontré par hasard, ils emménagent dans le couvent Petit-Picpus où ils habitent pendant plusieurs années.

Désormais, Hugo s'occupe de Marius et de son grand-père où il vit après de la mort de sa mère. Comme son grand-père, M. Gillenormand, lui interdit le contact avec son père, le baron Pontmercy, Marius ne le connaît pas jusqu'après sa mort. Ensuite, il apprend que son père l'aimait beaucoup et élevant comme royaliste, Marius change son attitude vers la politique et devient révolutionnaire et républicain. Il se brouille avec son grand-père et le quitte. À Paris, Marius prend contact avec une organisation révolutionnaire « Les Amis de l'ABC (= abaissé) » où il se lie d'amitié avec quelques autres étudiants. Marius doit vivre misérablement avec peu d'argent dans la masure de Gorbeau. Tout le temps, Marius ne s'intéressait pas aux filles, mais un jour, il voit Cosette pour la première fois et tombe amoureux d'elle. Toutefois, Valjean et Cosette déménagent et Marius les perd de vue. Quand ceux-ci rendent visite aux Jondrettes qui sont en réalité la famille Thénardier et aussi les voisins de Marius, celui-ci les voit de nouveau. Jondrette, toujours cupide, dessine les plans d'arnaquer Valjean, mais Marius l'entend et va à la police. Jondrette capture Jean Valjean, Javert arrive à cause de l'avertissement de Marius et Valjean s'enfuit.

Depuis 1830 il y a beaucoup de soulèvements à Paris, en particulier des étudiants comme les « Amis de l'ABC ». Pendant ce temps, Eponine qui est amoureuse de Marius, découvre l'adresse de Cosette et Valjean (qui vivent dans la Rue du Plumet) pour lui. Les deux s'adorent depuis le temps quand ils se sont rencontrés dans le jardin du Luxembourg. Ils souffraient de l'absence d'autre et Jean Valjean voyait que Cosette lui échappait de plus en plus. Maintenant, Cosette trouve une lettre d'amour de Marius et les deux se rencontrent chaque nuit dans le jardin. Comme Valjean se sent poursuivi par Thénardier, il veut quitter la France pour l'Angleterre.

À Paris commence un combat sur les barricades où les « Amis de l'ABC » sont présents. Marius se décide également de lutter. Javert est démasqué d'indicateur de la police. Dans la suite, Hugo décrit le combat : M. Mabeuf, un vieillard, se sacrifie pour hisser le drapeau français de nouveau et crie « Vive la Révolution ! vive la République ! fraternité ! égalité ! et la mort ! »[1] Marius arrive et sauve la vie du Gavroche, après, Eponine, déguisée en homme, sauve Marius, lui apporte une lettre et meurt dans ses bras. Gavroche doit amener une autre lettre de Marius à Cosette, mais Jean Valjean qui a déjà lu la dernière lettre, l'intercepte et va au combat lui-même. Là-bas, il libère Javert et quand le combat est perdu et quand presque tous les étudiants sont morts, il sauve le inconscient Marius et le cache dans les égouts de Paris.

Ils rencontrent Thénardier qui prend Jean Valjean pour un meurtrier et les aide à sortir des égouts. Dehors, Javert les déniche, mais il permet à Valjean d'apporter Marius à la maison de son grand-père M. Gillenormand et après, il l'accompagne à la Rue du Plumet. Au lieu de l'arrêter, Javert le relaxe et se suicide, comme il ne peut pas vivre avec son infraction contre ses valeurs morales. Marius se réconcilie avec M. Gillenormand et se marie avec Cosette. Quand Jean Valjean confesse son passé à Marius, celui-ci développe plus d'aversion contre Valjean. Dans la suite, Marius sépare Cosette et Valjean qui souffre beaucoup de la perte de Cosette et qui tombe

---

[1] Les Misérables II, folio classique, Édition d'Yves Gohin : p. 498.

malade. En plus, Marius refuse l'argent que Valjean a légué à Cosette, parce qu'il pense que Valjean l'a volé. Ce n'est que lorsque Thénardier raconte à Marius que Jean Valjean a libéré Javert, à l'époque à la barricade et qu'il a gagné tout son argent comme M. Madeleine, que Marius change son attitude vers son « beau-père ». Thénardier, pourtant, prétend que Valjean est un meurtrier et quand il montre un lambeau de l'habit de Marius qu'il a pris dans les égouts, Marius sait que Jean Valjean lui a sauvé la vie après le combat. Tout de suite, Marius et Cosette vont voir Jean Valjean qui est moribond et lui assurent leur amour pour lui avant qu'il meure.

3.) Comédie musicale

L'idée de transformer le roman de Victor Hugo en comédie musicale, est venu, pour la première fois, à l'esprit d'Alain Boublil. Ensemble avec Claude-Michel Schönberg, le compositeur, il a créé une nouvelle comédie musicale, « Les Misérables ». En France, il n'y avait pas de traditions des comédies musicales et beaucoup de Français pensaient que cette transformation était une honte pour l'œuvre de Victor Hugo. La première représentation de la comédie musicale a eu lieu en 1980 au Palais de Sports à Paris où elle a été à l'affiche pour seize semaines. La version française était très abrégée, parce que le roman appartient à la culture générale des Français. En plus, cette version met l'accent sur les combats en la barricade.

Quand Sir Cameron Mackintosh a entendu la musique de « Les Misérables », il a été enthousiaste et voulait créer une version anglaise. Pour rendre l'action de la comédie musicale plus compréhensible, il fallait ajouter quelques chansons et la matière principale et les destins des personnages. Herbert Kretzmer, Co-auteur pour les textes en anglais, a dit que le travail consiste à «la traduction d'un troisième, aux adaptions libres d'autre troisième et pour l'autre parte, à la création des nouvelles chansons. »[1] Il a travaillé ensemble avec Alain Boublil et Claude-Michel Schönberg qui surveille toujours la qualité musicale de la production mondiale de « Les Misérables ». En 1985, la comédie musicale a eu sa première en Angleterre dans le « Barbican Theatre » à Londres. A cause de l'augmentation des nombres de spectateurs, elle déménage dans le « Palace Theatre ». Deux ans après, en 1987, « Les Misérables » fêtent leur première au Broadway à New York. Ce n'est qu'en 1996, que la comédie

---

[1] Kretzmer, Herbert; traduit de: http://www.musical-world.de/Theater/T-LesMiz/body_t-lesmiz.html.

musicale vient en Allemagne, au théâtre à Duisburg qui a été sculement construit pour accueillir le spectacle. Les textes ont été traduits par Heinz Rudolf Kunze, un très fameux traducteur des comédies musicales.

Maintenant, l'œuvre est jouée dans 38 pays, traduit en 23 langues et vue par plus de 51 millions de spectateurs. Elle a gagné deux Grammys et huit Tony-Awards. En 1995, la comédie musicale fête son dixième anniversaire dans la « London Royal Albert Hall » avec un grand concert qu'on peut regarder sur DVD.

« Les Misérables », c'est une comédie musicale très ambitieuse, parce qu'elle s'appuie sur le roman de Victor Hugo. Le compositeur, Claude-Michel Schönberg, a dit : « Il faut simplement aimer le livre. Il est comme un fleuve, on a le sentiment de se jeter dans la mer. Quand j'ai lu le livre, j'ai déjà écouté la musique. »[1]

42 acteurs travaillent pour cette comédie musicale, à chaque représentation s'en produisent 28 sur scène. En plus, il y a 30 enfants qui jouent le rôle de Cosette et d'Eponine quand elles étaient jeunes et aussi le rôle de Gavroche. Très important sont aussi les 18 musiciens qui accordent une expérience inoubliable aux spectateurs.

4.) Parallèles et différences entre roman et comédie musicale

4.1.) Comparaison du contenu

Bien que l'action de « Les Misérables » ait été raccourcie dans la comédie musicale, on peut y retrouver les aspectes principaux. Contrairement au roman, la comédie musicale commence dans la prison. Le prologue « Le bagne : pitié, pitié » montre le travail dur des détenus et raconte de la remise en liberté de Jean Valjean. En plus, les spectateurs apprennent pourquoi Valjean avait été arrêté et on comprend l'injustice et la misère. Dans la comédie musicale, il n'y a aucunes informations sur l'évêque de Digne. Il est seulement mentionné après que Jean Valjean avait volé sa grosserie. L'action continue en 1823, à Montreuil-Sur-Mer avec le M. Madeleine qui est déjà maire et avec Fantine qui travaille dans la fabrique. L'histoire de Fantine et comment Valjean est devenu maire n'est pas raconté en détail. Victor Hugo écrit que les autres travailleuses enviaient Fantine pour sa beauté et quand elles ont appris qu'elle a une

---

[1] Schönberg, Claude-Michel; traduit de http://www.suedthueringen-online.de/november2007/les-miserables.html.

fille illégitime, la gardienne l'a licenciée. Ici, dans la comédie musicale, Fantine a été viré de l'entreprise par le contremaître qu'elle a toujours refusé.

Complètement omis est la vie de Jean Valjean et Cosette après qu'il l'a acheté aux Thénardiers quand ils habitent dans la masure Gorbeau et au combat Petit-Picpus. La comédie musicale continue directement en 1832 à Paris où les premiers soulèvements commencent.

Les deux œuvres se distinguent aussi concernant la première rencontre de Marius et Cosette. Le roman dit que Marius qui ne s'intéressait pas aux filles, l'a vue à Paris et est tombé amoureux d'elle. Ensuite, Jean Valjean et Cosette ont déménagé et plus tard, Marius l'a rencontré de nouveau. Dans la comédie musicale, les Thénardiers agressent Jean Valjean et Cosette et dans la bagarre déclenchée, Marius et Cosette se voient pour la première fois.

Pendant le combat en la barricade, Eponine arrive, sauve la vie de Marius en se sacrifiant et lui apporte une lettre de Cosette. Elle meurt dans les bras de Marius et celui-ci donne une lettre avec son réponse pour Jean Valjean à Gavroche. La version de la comédie musicale raconte qu'en arrivant à la barricade, Eponine reçoit une lettre de Marius qu'elle apporte à Cosette. Quand elle revient, elle est abattue. En plus, les spectateurs de la comédie musicale ne voient pas le mépris dont Marius lui fait preuve avant qu'il apprend toute la vérité de la vie de Jean Valjean.

Quelques chapitres du roman qui traitent d'événements historiques sont aussi omis. À part cela, la comédie musicale et le roman se ressemblent énormément. Tous les aspects importants sont insérés dans l'histoire de la comédie musicale et on peut y retrouver les étapes de la vie des personnages importants.

4.2. La transformation du livre en comédie musicale

Boublil et Schönberg se lancent le défi de transformer le roman de Victor Hugo en comédie musicale. Toutes les informations et détails du roman doivent être transposés et représentés en décors, en accessoires et naturellement dans la musique.

Les décors montrent les différentes localités de l'action de l'histoire. Ils sont réduits au minimum, comme il n'y a pas si beaucoup de place sur la scène de représenter tous les environs, mais cela suffit pour prendre une image. En plus, le nombre incroyable des accessoires est très important pour la représentation de la comédie musicale. Ces objets et les costumes sont dissimulés pour avoir un air vieux pour que les spectateurs puissent voir la pauvreté et la misère des personnages. Il y a 1500 costumes qui sont confectionnés d'après les modèles historiques et 46 perruques qui sont soignés à tel point qu'ils ont l'air d'être très vieux et usés. Les interprètes sont maquillés pour qu'ils soient laids et sales. À part cela, les effets de lumière changent l'atmosphère et soulignent les choses importantes. Par exemple, lumière et brume représentent le labyrinthe des égouts de Paris. Les projecteurs attirent l'attention des spectateurs sur les personnages importants. Avec toutes les finasseries, ils créent l'ambiance du 19ᵉ siècle et enlèvent les gens au Paris de cette époque-là.

La barricade dans la comédie musicale : © http://www.stonyhurst.ac.uk/uploads/les-miserables.jpg

Pour faire du théâtre, les interprètes doivent vivre dans leur rôle. L'interprète de Javert, Hartwig Rudolz[1], par exemple, a dit qu'elle a lu le roman et en particulier les partes avec Javert plusieurs fois pour qu'il comprenne bien son caractère. C'est important qu'ils puissent jouer la comédie pour montrer les sentiments du personnage.

Le plus expressif d'une comédie musicale est la musique. Maintenant, je veux analyser la transformation du roman dans quelques chansons de « Les Misérables ». Presque chaque caractère a une propre chanson qui représente leur destin et leur état d'esprit. Mélodie, rythme, volume et ton renforcent les sentiments.

---

[1] Rudolz, Hartwig(*1955): acteur et chanteur ; (Musical Treffpunkt, ONYX © 1997).

« Quand un jour est passé »[1] est une chanson qui représente la misère et la pauvreté du Tiers État qui doivent se battre avec la misère chaque jour pour survivre. « Il n'y aura jamais pour nous qu'une différence: Un jour de moins à vivre! »[2] Beaucoup d'interprètes chantent ; cela signifie que la misère est le destin d'un entier groupe de population. La classe bourgeoise ne s'intéresse pas pour la situation des pauvres : « Il faut s'en retourner sous la pluie, dans le froid, Implorer le bourgeois qui t'ignore […]». En plus, les raisons pour le licenciement de Fantine dans l'usine sont montrées.

La chanson de Fantine, « J'avais rêvé d'une autre vie », raconte son histoire avec son amant qui l'a abandonnée quand elle était enceinte. Les paroles sont pleins de métaphores : « Mais les loups rôdent dans la nuit, et l'un d'eux flairait ma trace »[3]. Au roman, cette histoire est décrite en plusieurs pages, mais c'est possible d'exprimer toutes les émotions en quatre minutes. Le chant s'adapte à l'humeur de Fantine et devient plus fort quand elle confie ses chagrins.

Le débat de conscience de Jean Valjean, quand il a appris que Javert a arrêté un homme innocent qu'il prend pour le détenu Valjean, est très bien représenté dans la chanson «Le procès: Comment faire »[4]. Les avantages et désavantages pour lui et les autres sont bien interprétés.

L'hymne de la comédie musicale est la chanson « À la volonté du peuple » qui appelle les citoyens au combat. À mon avis, elle est comme un hymne nationale et ressemble un peu à la Marseillaise. En plus, on peut y trouver beaucoup des symboles de la guerre, par exemple : « Remplis ton cœur d'un vin rebelle » ; « Nous partons en croisade » ; « S'il faut mourir pour elle, Moi, je veux être le premier »[5]. Celle-ci est une chanson qui est chantée par plusieurs personnes, comme le destin des enlèvements concerne tout le peuple.

L'amour de Cosette et Marius est représenté dans un duo : « Le cœur au bonheur »[6]. C'est la première conversation entre les deux et ressemble beaucoup au roman. Cette chanson est très émotive et montre déjà l'amour non partagé d'Eponine pour Marius.

---

[1] Les Misérables; L'intégrale CD 3, Version live originale ; les paroles de
http://www.frmusique.ru/texts/m/miserables/quandunjourestpasse.htm.
[2] Voyez note 1: « Quand un jour est passé ».
[3] Les Misérables; L'intégrale CD 3, Version live originale ; paroles de :
http://www.frmusique.ru/texts/m/miserables/javaisreve.htm.
[4] Voyez note 1; paroles de: http://www.frmusique.ru/texts/m/miserables/procescommentfaire.htm.
[5] Voyez note 1; paroles de: http://www.frmusique.ru/texts/m/miserables/alavolontedupeuple.htm.
[6] Voyez note 1; paroles de: http://www.frmusique.ru/texts/m/miserables/coeuraubonheur.htm.

Il y a encore plusieurs chansons qui montrent les émotions des personnages d'une façon fantastique, mais on ne peut pas vraiment décrire l'effet merveilleux pour les spectateurs.

5.) Évaluation

En résumé, je peux dire que le roman est très bien transformé en comédie musicale. Le livre stimule la fantaisie du lecteur, on peut s'imaginer l'histoire soi-même. Quand on voit la comédie musicale, les images sont fixées. Mais quelques fois, c'est plus facile qu'on voit ce qui se passe, parce qu'on peut décrocher et ce n'est pas nécessaire de penser beaucoup. La musique de la comédie musicale enivre les sens, donne l'effet de la chair de poule et déclenche un sentiment de bonheur. Les spectateurs ont l'impression de vivre dans l'époque des « Misérables » et ont de la compassion pour eux.

Je suis arrivée à la conclusion que la misère du peuple est très bien montrée. Les destins et les sentiments des personnages sont super bien représentés dans les chansons. J'étais complètement enthousiaste quand j'ai établi qu'il y a beaucoup des métaphores et symboles dans les chansons qui soulignent l'état d'esprit des chanteurs. Également le volume du chant et le rythme contribuent au succès de la transformation en comédie musicale.

À mon avis, on doit lire le roman de Victor Hugo même si le livre traîne un peu en longueur et est difficile à lire. L'histoire de « Les Misérables » est impressionnante et ravissante. Mais si on aime de la musique en général, je peux vraiment recommander d'aller voir cette comédie musicale.

Malheureusement, il n'y a pas un DVD de la comédie musicale, mais le concert du 10e anniversaire dans la « Royal Albert Hall » à Londres est porté à l'écran. Le grand moment de ce concert est la fin quand 17 Jean Valjeans chantent en leur langue maternelle la chanson « À la volonté du peuple », quasiment l'hymne de « Les Misérables ».

6.) Bibliographie

Victor Hugo : Les Misérables I et II, folio classique, Édition d'Yves Gohin

Musical Treffpunkt, ONYX © 1997 (enregistré sur DVD)

Programmheft « Les Misérables »; Musical Theater Duisburg, © 1999 STELLA MUSICAL MANAGEMENT GmbH, Hamburg

Victor Hugo:
http://www.alalettre.com/victor-hugo/les-miserables/victor-hugo-les-miserables.php
http://de.wikipedia.org/wiki/Victor_Hugo
http://fr.wikipedia.org/wiki/Victor_Hugo
http://www.histoire-en-ligne.com/spip.php?article36&artsuite=4
http://www.lesmis.de/de/hugo.html
http://www.frankreich-experte.de/fr/6/621531.html
http://www.evene.fr/celebre/biographie/victor-hugo-6.php

L'histoire de 1789-1845:
http://fr.wikipedia.org/wiki/Trois_Glorieuses
http://fr.wikipedia.org/wiki/R%C3%A9volution_Francaise
http://fr.wikipedia.org/wiki/Restauration_fran%C3%A7aise
http://fr.wikipedia.org/wiki/Tiers_%C3%A9tat

La comédie musicale « Les Misérables » :
http://www.french-musicals.de/lesmiserables/lesmiserables_auffuehrungen.htm
http://fr.wikipedia.org/wiki/Les_Mis%C3%A9rables_%28com%C3%A9die_musicale%29
http://www.mtmo.de/nav/making/lesmis/lesmis.html
http://www.familie-im-web.de/familie/cybermusical/les_miserables/index.html
http://www.musical-world.de/Theater/T-LesMiz/body_t-lesmiz.html
http://www.suedthueringen-online.de/november2007/les-miserables.html

(Stand der Internetseiten : Februar 2008)